Andrea Schwendemann

SURFEN
CHATTEN
POSTEN
BLOGGEN
Sicher unterwegs
im Internet

Mit Bildern von Iris Blanck

FISCHER Meyers Kinderbuch

Inhaltsverzeichnis

Unglaubliches Internet!

Du weißt wahrscheinlich mehr über Internet, Facebook und Twitter als deine Eltern und Lehrer zusammen. Doch bist du ein echter Internet-Experte? Wenn du vier dieser acht Fakten kennst, dann kannst du dies von dir behaupten!

- 1,5 Milliarden Menschen haben Zugang zum Internet. Auf unserer Erde leben sieben Milliarden Menschen, also ist nur jeder vierte online.

- Weißt du, warum Google Google heißt? Das ist auf einen Hörfehler zurückzuführen. Ein Freund der Erfinder der Suchmaschine, Larry Page und Sergey Brin, wollten ihre Seite eigentlich „Googol" nennen. Das ist ein mathematischer Begriff für eine Eins mit hundert Nullen. Das sollte auf die vielen Informationen verweisen, die man mit der Suchmaschine finden konnte. Der Freund hatte sich aber verhört und ließ google.com als Domain eintragen.

- Chinesische Schüler nutzen nicht Facebook oder WhatsApp. Sie chatten mit Ozone und Renren.

- Die Domain-Endung .tv ist eigentlich für den kleinen Inselstaat Tuvalu in der Südsee reserviert. Weil Tuvalu immer knapp bei Kasse ist, hat der Staat die Endung einfach verpachtet. Das gefällt vielen Fernsehsendern und Videoportalen, ihre Seiten tragen häufig diese Domain-Endung.

- Würde man das gesamte Internet auf DVDs speichern, brauchte man über zehn Milliarden dieser silbernen Scheiben.

- Die meisten Schüler der Oberstufe verbringen sechsmal mehr Zeit im Internet als mit ihren Hausaufgaben. Kommt dir das bekannt vor?

- Etwa 75 % der verschickten E-Mails sind Spamnachrichten, doch nur sechs Prozent dieser Müllmails werden geöffnet. Gut so, sie könnten ja einen Virus im Gepäck haben.

- Derzeit sind eine Milliarde Menschen Mitglied bei Facebook. Würden sie einen Staat gründen, wäre dieser der drittgrößte der Welt. Nur China (1,3 Milliarden) und Indien (1,1 Milliarden) wären größer.

chatten (sprich: [tschätten]): Das ist das englische Wort für plaudern. Wenn du dich im Internet mit Freunden in sozialen Netzwerken triffst, kannst du dich dort mit ihnen unterhalten.

Domain (sprich: [domäin]): Die Domain ist die Adresse einer Website. Sie setzt sich aus drei Teilen zusammen: 1. www (steht für WorldWideWeb), 2. dem Namen der Website (z. B. fcbayern) und 3. der Domain-Endung (etwa .de, .com, .nl).

Ein Meer zum Surfen

Das Internet kannst du dir wie einen riesigen Ozean voller Informationen vorstellen. Nur dass dieses Meer nicht mit Wasser gefüllt ist, sondern mit Milliarden von Websites (sprich: [uäbseits]). Jeden Tag kommen auf der ganzen Welt neue dazu. Viele Inhalte des Internets machen großen Spaß, denn du kannst

dich dort mit anderen unterhalten, dich informieren und recherchieren, Spiele spielen oder Videos gucken. Einige Seiten sind allerdings für Kinder nicht geeignet. Deshalb musst du im Internet vorsichtig sein. Wie auf einem Ozean eben.

WORLD WIDE WAS?

WICHTIG!

Wenn Leute vom Internet sprechen, verwenden sie unterschiedliche Begriffe. Manche sagen World Wide Web (WWW). Das ist Englisch und heißt so viel wie „weltweites Netz". Wenn man es ganz genau nimmt, ist das WWW aber nur ein Teil des gesamten Internets. Doch meist werden Internet und WWW für ein und dasselbe benutzt: für die unendlich vielen Websites, auf denen du surfen kannst.

WIE DIE WEBCAM ERFUNDEN WURDE

WITZIG!

Viele Dinge werden erfunden, weil die Menschen zu faul zum Laufen sind. Zum Beispiel die Webcam. Das kam so: Der Computerfreak Quentin Stafford-Fraser von der Universität Cambridge wollte seinen kaffeesüchtigen Kollegen den Weg zur leeren Kaffeekanne ersparen. Er installierte eine Kamera und richtete sie auf die Kaffeemaschine im Computerlabor. Das Bild wurde auf sämtliche Rechner übertragen. So wussten immer alle, wann es frischen Kaffee gab.

SO BEWEGST DU DICH IM INTERNET

1 Gib im Internet nie deinen richtigen Namen, deine Adresse, Telefon- oder Handynummer an. Und schon gar nicht die Kontonummer deines Taschengeldkontos. Wähle für Chats einen Spitznamen (Englisch: Nickname; sprich: [niknäim]).

2 Triff dich nie mit Leuten, die du nur aus dem Internet kennst.

3 Labert dich im Chat jemand blöd an, melde es sofort dem Moderator.

4 Jeder Mensch kann eine Internetseite veröffentlichen. Aber da Menschen eben manchmal böse oder gemein sind, gibt es auch im Internet richtig doofe Seiten. Zum Beispiel solche, auf denen Ausländer beschimpft werden. Wenn du auf so eine Seite stößt, zeig sie deinen Eltern oder Lehrern. Sie können diese verdächtigen Seiten bei sogenannten Prüfstellen melden.

5 Nicht alle Leute, die sich im Internet tummeln, sagen die Wahrheit. Es gibt Erwachsene, die im Chat vorgeben, ein Kind zu sein. Sie wollen mit Minderjährigen in Kontakt kommen und ihnen Schaden zufügen.

6 Auch im Internet gibt es Diebe, nicht nur auf der Straße. Diese Netzverbrecher sind aber meist schlauer als Ganoven im richtigen Leben. Sie tun erst mal so, als würden sie dir was schenken. Zum Beispiel einen „Gratis"-Klingelton oder ein Programm, das du „kostenlos herunterladen" kannst. Meist ist dann in den Allgemeinen Geschäftsbedingungen (AGB) doch ein Preishinweis versteckt. Und schon ist der neue „Dingdong"-Klingelton nicht mehr umsonst, sondern teuer. Lade deshalb Musik, Klingeltöne oder andere Sachen nur gemeinsam mit deinen Eltern aus dem Internet herunter.

Nie ohne mein Smartphone |

Tablet | Laptop: Das Internet passt in fast jede Tasche.

Das World Wide Web ist riesig – und doch kannst du es in (fast) jede Tasche packen: mithilfe des Smartphones oder eines Tabletcomputers. Schon klar, dass diese Geräte meist nicht in deiner Tasche bleiben. Sicher hast du deshalb schon häufig diesen Satz gehört: *„Lies ein Buch!"*
Ganz unrecht haben deine Eltern, Tanten, dein Opa oder deine Lehrer damit nicht. Daumensport ist auf Dauer etwas eintönig. Wie wäre es mal wieder mit Bolzen? Oder Lesen – ein Buch, keine SMS!

VERRÜCKTE FAKTEN ÜBER HANDYS UND SMARTPHONES

- Das erste Handy der Welt wog ein Kilogramm. So viel wie zehn Tafeln Schokolade. Zum Vergleich: Das iPhone 6 wiegt gerade mal 100 Gramm.
- Durchschnittlich schauen Handybesitzer alle 6,5 Minuten auf ihr Telefon, also etwa 150-mal am Tag.
- Jeder zweite Deutsche unter 30 Jahren besitzt ein Smartphone.
- Das Smartphone wird vor allem zum Spielen benutzt, nicht zum Telefonieren.
- Ein Drittel aller Smartphonebesitzer schauen auch in der Kirche auf ihr mobiles Gerät.

WITZIG!

SMARTPHONES: ZU WERTVOLL FÜR DEN MÜLL

Wusstest du, dass in deinem Smartphone Gold und Silber stecken, außerdem seltene Metalle wie Indium und Tantal? Beim Abbau dieser Rohstoffe erleiden die Menschen Gesundheitsschäden und die Umwelt wird verschmutzt. Deshalb solltest du dir erstens überlegen, ob du wirklich alle zwei Jahre ein neues Smartphone brauchst. Und zweitens: Falls dein Handy wirklich einmal nicht mehr funktioniert, solltest du es unbedingt recyclen. Das bedeutet, dass die einzelnen Teile des Handys wieder benutzt und nicht einfach in den Müll geschmissen werden. Erkundige dich im Rathaus deiner Stadt oder im Internet, wo es die nächste Recycling-station für Handys gibt.

WICHTIG!

Bist du daddelsüchtig?

Spiele am Computer machen Spaß und auch die anderen Sachen, die man im Internet machen kann. Doch wer zu häufig und zu ausgiebig vor einem elektronischen Spielzeug hockt, kann süchtig werden – wie nach Zigaretten oder Alkohol. Kannst du ohne Tablet, Smartphone oder Laptop überhaupt noch leben?

Mach den Test!

1   **Stell dir vor, du darfst zwei Wochen auf einer einsamen Insel verbringen. Was nimmst du mit?**
   A. Mein Laptop/Tablet/Smartphone und die DSL-Verbindung.
   B. Meine beste Freundin und mein Smartphone.
   C. Meine Lieblingsbücher und Schokolade.

2   **Was heißt *lol*?**
   A. Logisch: "laughing out loud"! Was denn sonst! Das ist Englisch und heißt so viel wie: „Ich krieg mich nicht mehr ein vor Lachen." *gg*
   B. Hm, ich glaube das ist ein Chat-Kürzel.
   C. Keine Ahnung, ich geh jetzt Blumen gießen.

3 **Was machst du als Erstes, wenn du von der Schule nach Hause kommst?**

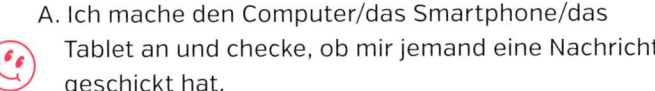

A. Ich mache den Computer/das Smartphone/das Tablet an und checke, ob mir jemand eine Nachricht geschickt hat.

B. Hunger! Ich gehe in die Küche und gucke, was Papa gekocht hat. Beim Essen daddele ich dann ein bisschen auf dem Tabletcomputer herum.

C. Hausaufgaben. Was denn sonst?

4 **Wie oft checkst du deine Mails?**

A. Morgens direkt nach dem Aufwachen, abends vor dem Schlafengehen. Und dazwischen bestimmt hundertmal.

B. Einmal am Tag.

C. Einmal im Monat.

5 **Deine Eltern haben entschieden, den Vertrag mit dem Internetanbieter zu kündigen und künftig offline zu sein. Was denkst du?**

A. Sind die verrüüüüüückt? Dann komm ich ja gar nicht mehr ins Netz. Ich muss sofort mit denen reden.

B. Hm, dann gehe ich halt ab und zu bei meinem besten Freund online. Oder bei der Oma.

C. Ist mir doch egal.

Vor allem A-Antworten:
Hm, vermutlich bist du von deinem Laptop/Tablet/Smartphone und dem Internet abhängig. Versuche doch mal, einen ganzen Tag „offline" zu sein, also nicht im Internet zu surfen. Klappt nicht? Dann überlege mal, ob du dir Hilfe holst. Zum Beispiel indem du die „Nummer gegen Kummer" anrufst (0800 1110333).

Vor allem B-Antworten:
Gratulation, du hast einen sehr gesunden Umgang mit dem Internet. Weiter so!

Vor allem C-Antworten:
Dich interessiert das WWW gar nicht besonders. Du liest lieber Bücher und triffst dich mit Freunden.

Heute in, morgen out

Smartphones und Tablets sind total angesagt. Doch wer weiß, welches Gerät morgen alle haben wollen? Schau mal, hier kommen die Vor- und Nachfahren deiner Lieblingsspielzeuge:

1930er-Jahre

Der **Z3**: von Erfinder Konrad Zuse; gilt als der erste Computer der Welt

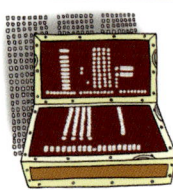

1977

PET 2001: ein PC der Firma Commodore

1982

C64: auch Brotkasten genannt, von der Firma Commodore; kostete bei Verkaufsstart 1495 DM – also etwa 750 Euro

1989

Game Boy von Nintendo: die tragbare Videospielkonsole wurde weltweit fast 120 Millionen mal verkauft

1994

PlayStation: eine Spielkonsole von Sony ging hundertmillionen mal über die Ladentheke

1995

MPMan F10: einer der ersten MP3-Player der Welt

2005

BlackBerry: ein Smartphone der gleichnamigen Firma

2007

iPhone: Apple bringt sein erstes Smartphone auf den Markt

2010

iPad: Apple bringt seinen ersten Tabletcomputer auf den Markt

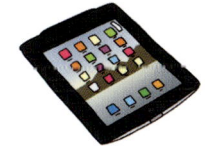

2013

Samsung stellt ein **Smartphone mit gebogenen Bildschirm** vor. Es gilt als Vorstufe zu faltbaren Handys

2014

Google Glass: Google präsentiert einen auf eine Brille montierten Miniaturcomputer

2018

Roll-, klapp- und faltbare Handys sind auf dem Markt

Das Internet – eine Zeitverplempermaschine?

Kennst du das? Du loggst dich ins Internet ein, weil du etwas für die Schule recherchieren möchtest. Drei Stunden später: Mails gecheckt, mit deinem besten Freund gechattet, ein paar lustige Katzenvideos auf YouTube geschaut und das neue Musikstück von Katy Perry angehört. Nun ja, nur mit den Hausaufgaben bist du noch kein Stück weitergekommen. Keine Sorge, das geht nicht nur dir so. Ist das Internet also reine Zeitverschwendung? Bestimmt nicht. Allerdings kommt es darauf an, wie du es nutzt. Auf der Abbildung auf der rechten Seite siehst du, wie viel Zeit du und deine Altersgenossen im Internet verbringen.

**Soviel Zeit verbringen Jugendliche zwischen
6 und 13 Jahren täglich im Internet!**

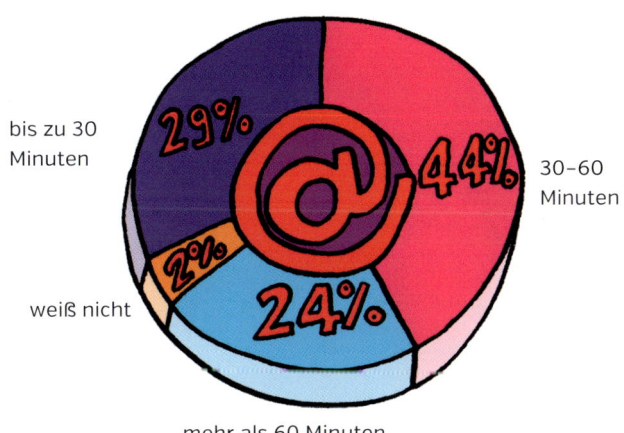

bis zu 30
Minuten

29%

44%

30–60
Minuten

2%

weiß nicht

24%

mehr als 60 Minuten

KIM-Studie 2012; Basis: 742 Internetnutzer zwischen 6 und 13 Jahren

Was machen Jugendliche im Netz?

100%

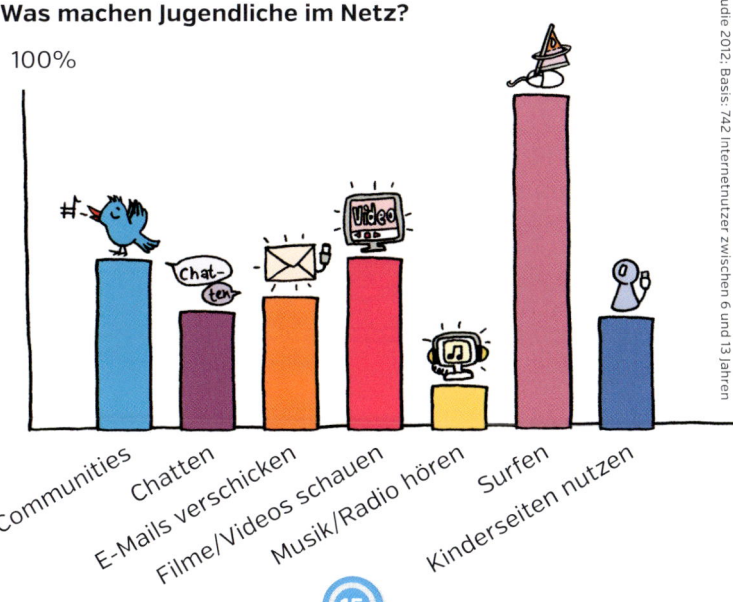

Communities · Chatten · E-Mails verschicken · Filme/Videos schauen · Musik/Radio hören · Surfen · Kinderseiten nutzen

Unendliches Internet

Informationen suchen – das geht mit dem Internet rasend schnell. Du kannst dir hier einen ersten Überblick über ein Thema verschaffen, zum Beispiel über den Klimawandel. Vielleicht schaust du erst mal im Online-Lexikon Wikipedia nach oder bei einer Kindersuchmaschine wie Blinde Kuh. Aber natürlich kannst du im Netz noch viel mehr machen!

In sozialen Netzwerken rumhängen, etwa bei Facebook

Skypen

Übers Internet Videos gucken

E-Mails verschicken

Einkaufen

Chatten

Spielen

Einfach nur rumsurfen

Übers Internet Musik hören

WIE DAS SURFEN ERFUNDEN WURDE

Warum surft man eigentlich im Internet – man könnte doch auch durch Selbiges snowboarden, wandern oder segeln? Daran ist die amerikanische Bibliothekarin Jean Armour Polly schuld. Sie schrieb im Juni 1992 (also ganz zu Anfang der Internetzeit) einen Artikel darüber, wie das Internet funktioniert. Weil auf ihrem Mousepad ein Surfer auf einer Welle abgebildet war, überschrieb sie ihren Text mit „Surfing the Internet". Jean Armour Pollys Artikel war so beliebt, dass er in viele Sprachen übersetzt wurde. So verbreitete sich der Begriff rasend schnell in aller Welt.

WITZIG!

Mousepad [sprich: [maus-pät]]: Englisch für „Unterlage/Kissen" für die Computermaus

Surfing the Internet [sprich: [ßörfing si internät]]: „das Internet durchstöbern"

INTERNETENTWÖHNKUR

Südkorea, ein Land in Ostasien, ist Internetweltmeister. Die Südkoreaner nutzen so häufig Smartphones und das Web wie kein anderes Volk. Das Problem dabei: Viele sind inzwischen süchtig nach dem Internet, sogar Kinder. Deshalb bietet die Regierung bereits für Grundschulkinder Internetentwöhnungskurse an.

WOW!

~~Gute Seiten,~~ schlechte Seiten!

Wie im richtigen Leben tummeln sich auch im Internet hinterhältige und gemeine Leute. Die freuen sich, dass sie sich in dieser virtuellen Welt unsichtbar machen oder sich als eine andere Person ausgeben können. Diese fiesen Personen halten sich dann, wie in der Wirklichkeit an allen möglichen Orten auf. Weil das Internet so riesig und unübersichtlich ist, kann es sein, dass du plötzlich auf einer Seite mit ekligen Inhalten landest.

virtuell: nicht körperlich vorhanden, sondern beispielsweise als Figur in einem Computerspiel

1. Verbotene Seiten!

Jeder Mensch kann ganz leicht Informationen im Internet veröffentlichen. Das ist toll. Weniger toll ist, dass manche Leute verbotene Inhalte ins Netz stellen. Zum Glück werden diese Menschen bestraft. Allerdings ist es nicht so einfach, sie aufzuspüren. Deshalb gibt es bei der Polizei eine ganz eigene Abteilung, die nach diesen Verbrechern sucht. Doch welche Inhalte sind überhaupt verboten? Zum Beispiel Seiten, die Sex mit Kindern oder Tieren zeigen, oder Seiten mit rechtsradikalen, also ausländerfeindlichen Sprüchen.

Was kannst du tun?

Zeige diese Seiten deinen Eltern oder anderen Erwachsenen, denen du vertraust. Sie können den Link einer Prüfstelle melden, zum Beispiel der „Freiwilligen Selbstkontrolle Multimedia" (www.fsm.de).

2. Vorsicht, Abzocke!

Es gibt Diebe, die haben sich auf das Klauen im Internet spezialisiert. Die ziehen dir nicht wie im echten Leben unbemerkt den Geldbeutel aus der Tasche. Ihre Tricks sind hinterhältiger. Zum Beispiel wollen sie sich bei dir einschleimen, indem sie dir etwas „gratis" anbieten: Klingeltöne, SMS, ein Magazin. Wenn du das Angebot annimmst und auch noch die Allgemeinen Geschäftsbedingungen (AGB) akzeptierst, wollen sie Geld von dir.

Was kannst du tun?

Sprich sofort mit deinen Eltern darüber. Die gute Nachricht ist: Du musst die Rechnung nicht bezahlen. Da du minderjährig bist, darfst du ohne die Zustimmung deiner Eltern gar nichts bestellen. Deshalb ist der Vertrag ungültig.
Aber auch für Erwachsene gilt das Widerrufsrecht: Innerhalb von zwei Wochen kann man alles wieder rückgängig machen.

3. Fake-Shops!

Nicht alles, was du im Internet findest, ist echt! Besonders raffinierte Betrüger stellen gefälschte Websites ins Netz. So eine Seite sieht aus wie ein „richtiger" Online-Shop: Du kannst dir die Artikel auf Fotos anschauen, manchmal stehen dort sogar Bewertungen von anderen Kunden. Doch Achtung, das kann alles gefälscht sein! Die Betreiber der Fake-Shops wollen, dass Leute die Ware im Voraus bezahlen. Sie stecken dann das Geld ein, die bestellten Turnschuhe, MP3-Player oder Kapuzenpullis verschicken sie aber nie.

Was kannst du tun?

Du solltest im Internet nur einkaufen, wenn deine Eltern dabei sind. Es gibt aber auch Erwachsene, die auf solche Fake-Shops hereinfallen. Damit das nicht passiert, kannst du Folgendes tun: das Impressum genau anschauen. Wenn eine ausländische Adresse angegeben ist, solltest du Verdacht schöpfen. Verdächtig ist auch, wenn es gar kein Impressum gibt. Am besten bestellst du mit deinen Eltern nur bei einem Online-Shop, der ein Gütesiegel trägt, zum Beispiel „Trusted Shops" (www.trustedshops.de). Doch Vorsicht: Manche Betrüger fälschen sogar dieses Siegel!

CYBER-BANKRÄUBER

In einer Nacht im Februar 2013 passierte der wahrscheinlich spektakulärste Raub aller Zeiten: Eine internationale Bande von 400 Kriminellen erbeuteten in 23 Ländern über 34 Millionen Euro. Nicht mit Pistolen und Masken, sondern mithilfe von Laptops und dem Internet. Sie hatten eine indische Bank gehackt und kamen so an die Daten von Kreditkarten.

WOW!

Cyber (sprich: [ßaiber]): Das Wort kommt ursprünglich aus dem Griechischen und bedeutet Steuerung. Lange wurde es in der Seefahrersprache benutzt und meinte „die Kunst, ein Schiff zu steuern". Inzwischen wird es vor allem im Zusammenhang mit Computern verwendet, zum Beispiel „Cyber-Mobbing" [siehe S. 54].

Trusted Shops (sprich: [trastet schops]): vertrauenswürdige Läden im Internet

Fake (sprich: [fäik]): Fälschung

Hacken (sprich: [häcken]): Dieses englische Wort bedeutet ursprünglich „auf etwas einschlagen". Im Zusammenhang mit dem Internet heißt es „in etwas eindringen". Hacker schaffen es, auf fremden Computern und Servern herumzuschnüffeln, Daten zu klauen oder zu zerstören.

Gute Seiten – ~~schlechte Seiten!~~

Alles umsonst?

Du hast es schon oft gehört und in diesem Buch gelesen: Im Internet tummeln sich einige gemeine Gestalten. Aber zum Glück ist die Zahl der Menschen, die großartige Seiten ins Web stellen, um ein Vielfaches größer. Toll, dass sie ihr Wissen mit der Internetgemeinde teilen.

Kostenloses Lernen

Gitarre üben? Mathenachhilfe? Ein Backrezept für Marmorkuchen? Im Internet findest du auf fast alle Fragen eine Antwort. Denn Leute haben Spaß daran, ihre eigenen Kenntnisse ins Netz zu stellen. Der Amerikaner Salman Khan zum Beispiel. Er ist der Gründer der Khan-Akademie. Menschen auf der ganzen Welt haben sich seine Lehrvideos bereits fünfundsechzigmillionen Mal (kostenlos) angeschaut.

Freie Software

Im Internet gibt es viele Computerprogramme, die man sich kostenlos herunterladen kann. Programmierer haben viele Tausend Stunden Arbeit in diese Freeware (sprich: [frie-wär]) oder Open-Source-Programme (sprich: [ohpen ßors]) gesteckt, etwa in das Betriebssystem Linux, das ähnlich funktioniert wie Windows. Ein anderes Beispiel: Wer einen ==Blog== betreiben will, kann das mit der kostenlosen ==Software== Wordpress machen.

Freies Wissen

Wer wurde Torschützenkönig bei der Fußball-WM 2014 in Brasilien? Wie heißt das schwerste Tier auf unserer Erde? Schnell den Computer anmachen, Frage eingeben und schon hast du eine Antwort, häufig von Wikipedia. Das ist das größte Nachschlagewerk der Welt. In der englischsprachigen Ausgabe findest du 3,5 Millionen Begriffe, in der deutschsprachigen über eine Million. Zum Vergleich: Der Brockhaus, ein dreißigbändiges Lexikon, kennt nur 300 000 Einträge. Wer schreibt für Wikipedia? Tausende von Menschen texten, korrigieren und aktualisieren ehrenamtlich. Wikipedia stellt also Wissen für alle ins Netz. Aber vergiss nie: Wikipedia weiß nicht alles. Du darfst dort keinesfalls einfach abschreiben. Nutze Wikipedia als eine Quelle! Aber suche auf jeden Fall noch andere.

Blog: Tagebuch im Internet

Software (sprich: [ßoftwär]): Computerprogramm

Gute Seiten – ~~schlechte Seiten~~

Teilen ist das neue Haben!

Im Internet kannst du dich mit Gleichgesinnten vernetzen und die Umwelt schonen. Wie das geht? Melde dich gemeinsam mit deinen Eltern in einem Netzwerk an, das Leute zusammenbringt, die gerne Dinge oder Wissen tauschen. Diese Idee liegt voll im Trend. Das hat auch die Wissenschaft erkannt, sie nennt den gemeinschaftlichen Konsum Collaborative Consumption. Das Internet ist das perfekte Medium dafür. Na, Lust gemeinsam mit deiner Familie mitzumachen? Ihr könnt prima Geld sparen und Leute kennenlernen!

Schlaf auf meinem Sofa!
www.airbnb.com

Die Idee: Das Kürzel airbnb bedeutet „Airbed and breakfast" (sprich: [ärbed änd bräkfest]) und heißt übersetzt „Luftmatratze und Frühstück". Weltweit vermieten mehr als 30 000 Menschen ein Zimmer ihrer Wohnung, ihre Villa oder ein Baumhaus – und das relativ günstig. Eine tolle Alternative zum Hotel.

Was muss man tun? Sich kostenlos bei www.airbnb.com registrieren, schon kann man nach Unterkünften des gesuchten Reiseziels suchen.

Was kostet das? Die Vermieter bestimmen den Preis. Eine Übernachtung in Hamburg bekommt man für 35 Euro, für eine Luxusvilla muss man schon mal 2 300 Euro pro Nacht berappen.

Collaborative Consumption (sprich: [kolläbretif konsamp tschen]): gemeinschaftlicher Konsum von Gütern oder Wissen

Leih du mir deine Bohrmaschine, ich leih dir meinen Schlitten.
www.leihdirwas.de

Die Idee: Warum gleich eine Bohrmaschine kaufen, wenn man nur einmal im Jahr ein Loch in die Wand bohren will? Auf dieser Internetplattform kannst du Sachen mit anderen teilen oder selbst Dinge ausleihen.

Was muss man tun? Sich kostenlos auf der Website registrieren. Die Betreiber der Website verlangen 15 Prozent Mietgebühr pro erfolgreichem Verleih.

Was kostet das? Leihst du etwas aus, kostet das ein paar Euro Leihgebühr. Je nachdem, wie wertvoll der Gegenstand ist. Verleihst du etwas, bekommst du ein bisschen Geld.

Willkommen, Touristen!
www.globalgreetersnetwork.info

Die Idee: Einheimische zeigen Touristen ihre Stadt. Die Greeter (sprich: [grieter] = Begrüßer) zeigen einem die besten Eisdielen, tollsten Parks und coolsten Geschäfte – und natürlich auch die anderen Sehenswürdigkeiten.

Was muss man tun? Im Internet auf der Seite www.globalgreetersnetwork.info checken, ob es am Reiseziel „Greeter" gibt. In München, Berlin und Hamburg zum Beispiel könntest du dich herumführen lassen.

Was kostet das? Die Führungen sind gratis, Spenden sind willkommen.

Sind soziale Netzwerke wirklich sozial?

Posten, liken, kommentieren! Die Hälfte deiner Klassenkameraden macht es regelmäßig. Jedenfalls, wenn man den Statistiken und Umfragen glaubt: Jeder zweite 6- bis 13-Jährige ist Mitglied in einer Community, etwa bei Facebook. (Du denkst jetzt vielleicht, dass das gar nicht sein kann, da man ja erst mit 13 Jahren bei Facebook Mitglied werden kann. Stimmt, aber viele melden sich unter falschem Namen oder Geburtsdatum an.)

Die Argumente der Fans von sozialen Netzwerken

- Toll ist, dass man schnell Texte und Fotos hochladen kann. Alle Freunde können das sofort sehen. Es fühlt sich deshalb so an, als ob sie dabei wären.

- Du kannst jederzeit mit deinen Freunde chatten. Sie zum Beispiel fragen, ob sie schon die Hausaufgaben gemacht haben.

- Wer Mitglied bei einem sozialen Netzwerk ist, kann leicht Kontakt halten – 365 Tage im Jahr, 24 Stunden am Tag. Auch über Tausende von Kilometern. Zum Beispiel wenn der große Bruder gerade ein Austauschjahr in Australien macht.

- Man fühlt sich gut, wenn viele Freunde ein gelungenes Foto liken oder kommentieren.

Die Argumente der Gegner von sozialen Netzwerken

- Niemand kann wissen, was mit den Fotos passiert, die du in sozialen Netzwerken wie Facebook postest. Selbst wenn du eines Tages deinen Account löschst, kann es sein, dass die Fotos bleiben und später irgendwo wieder auftauchen.

- Die Mitgliedschaft bei Netzwerken ist bekanntlich kostenlos. Aber die Firmen profitieren von den Daten, die du preisgibst. Zum Beispiel bei Facebook. Es wird geschätzt, dass jedes aktive Mitglied für die Firma etwa 100 Dollar (circa 70 Euro) wert ist. Denn das soziale Netzwerk kennt die Daten, die Kontakte, die Vorlieben ganz genau – und verkauft dieses Wissen möglicherweise an andere Firmen.

- Soziale Netzwerke wie Facebook schalten Werbung auf deiner Seite – das nervt.

- Nachrichten, Fotos, Videos können sich in Netzwerken blitzschnell verbreiten. Du hast keine Kontrolle über ein Bild, ein Posting oder ein Video, das du einmal hochgeladen hast.

- In sozialen Netzwerken vertrödelt man nur wertvolle Lebenszeit, indem man sich durch belanglose Kommentare lesen muss.

Ich zwitscher dir einen, likst du mich?

Welcher Netzwerk-Typ bist du?

Schon klar, Facebook kennt jeder. Doch was bringen eigentlich die anderen sozialen Netzwerke wie Google+, Twitter & Co.? Lies mal!

Die Top 5 der sozialen Netzwerke und ihre Mitgliederzahlen

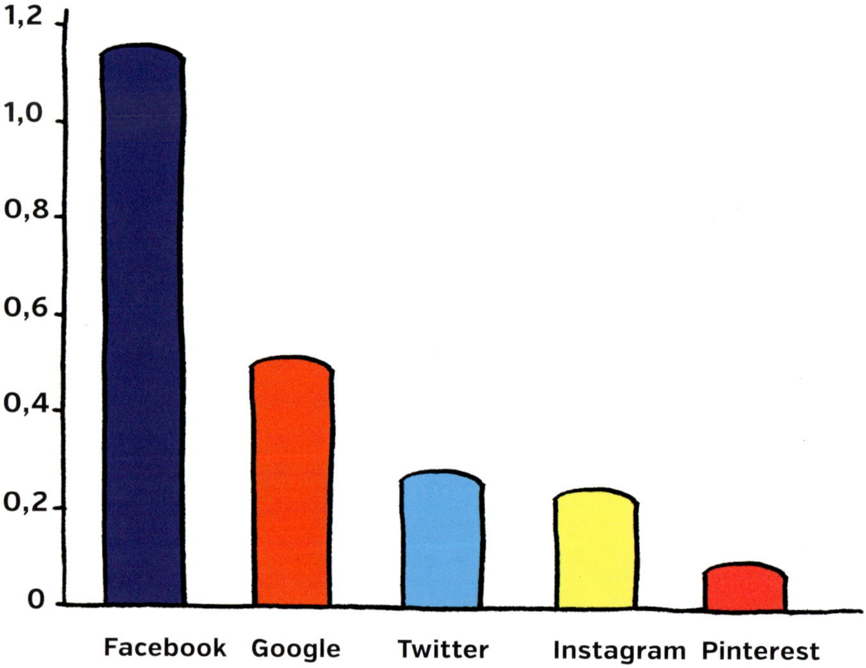

| | 1,2 | 1,0 | 0,8 | 0,6 | 0,4 | 0,2 | 0 |

Facebook · Google · Twitter · Instagram · Pinterest

TOP 1
Facebook: für Plaudertaschen

Wie viele Mitglieder?
Der Platzhirsch unter den sozialen Netzwerken mit über 1,1 Milliarden Mitgliedern.

Für wen?
Für Leute, die gerne plaudern und sich mitteilen. Du
kannst Fotos, Videos und Texte posten, kommentieren
oder liken. Aber auch stille Wasser können ihren Spaß bei
Facebook haben. Denn auch aus der Beobachterposition
bekommt man viel mit.

Was hat Facebook, was die anderen nicht haben?

Die meisten Mitglieder! Die Chance, Leute in diesem
Netzwerk wiederzutreffen oder mit ihnen in Kontakt zu
bleiben, ist deshalb besonders groß.

Facebook ist aufgrund seiner Größe eine Datenkrake.
Es gibt vermutlich kein Unternehmen auf der Welt, das
mehr über die Menschen weiß als Facebook. Die Firma
ist an der Börse notiert und macht dieses Wissen zu Geld.

TOP 2
Google+: für Hintergründige

Wie viele Mitglieder?
Immerhin hat Google+ auch schon eine
halbe Milliarde Mitglieder und ist damit
die Nummer zwei im Haifischbecken der sozialen Netzwerke. Allerdings sind viele Leute nur bei Google+
registriert, nutzen es aber nicht.

Für wen?
Für Webprofis interessant, ansonsten ein
Nischen-Netzwerk

Was hat Google+, was die anderen nicht haben?

Zirkel! Du kannst deine Online-Bekanntschaften in bestimmte Circles (sprich: [ßörkels]) einsortieren – und zwar
ganz einfach per Drag-and-Drop (sprich: [drägänddrop] =
ziehen und ablegen).

Um bei Google+ mitzumachen, muss man eine Google-
Mailadresse haben. Das nervt. Außerdem sind in diesem
Netzwerk wenig junge
Menschen, für
dich deshalb eher
uninteressant.

TOP 3
Twitter: für Schnellchecker

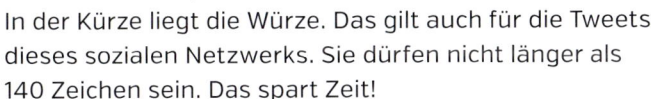

Wie viele Mitglieder?
Mehr als 200 Millionen; dieser Kurznach-
richtendienst ist Google+ auf den Fersen.

Für wen?
Für Leute, die gerne auf dem neuesten Stand sind. Über
Twitter erfährt man sehr schnell, wie das Endspiel der
Weltmeisterschaft ausgegangen ist. Oder man kann
Promis „folgen", so bekommst du auch „Privates" von
Fußballern, Schauspielern oder Sängerinnen mit.

Was hat Twitter, was die anderen nicht haben?

In der Kürze liegt die Würze. Das gilt auch für die Tweets
dieses sozialen Netzwerks. Sie dürfen nicht länger als
140 Zeichen sein. Das spart Zeit!
Wenn du neu bei Twitter bist, wirst du zunächst nur Bahn-
hof verstehen – oder besser Hashtag = #. So heißt das
Kürzel, mit dem du nach bestimmten Stichworten suchen
kannst. Wenn du mehr über die Twitter-Sprache erfahren
möchtest, blättere vor auf Seite 45.

Ich zwitscher dir einen, likst du mich?

TOP 4
Instagram: für Durchblicker

Wie viele Mitglieder?
200 Millionen

Für wen?
Für Leute, die gerne Fotos mit Freunden teilen und Bilder von anderen anschauen und bewerten. Diese App kann aber noch mehr: Du kannst damit Fotos mit wenigen Klicks verändern. Einfach Filter „darüberlaufen" lassen und schnell tolle Effekte erzielen.

Was hat Instagram, was die anderen nicht haben?

Mit dieser App kannst du Bilder mit Filtern verfremden und blitzschnell hochladen. Das macht richtig viel Spaß! Deine Freunde können die Fotos bewerten und kommentieren.

Um mitzumachen, brauchst du ein Smartphone und die Instagram-App.

TOP 5
Pinterest: für Schöngeister

Wie viele Mitglieder?
Etwa 70 Millionen

Für wen?
Für Leute, die gerne schöne Dinge um sich haben. Denn dieses Netzwerk ist eine Art persönlicher Setzkasten im Internet. Du kannst auf deine persönliche Seite alles „pinnen", was dich interessiert. Der Name Pinterest setzt sich aus den Wörtern „to pin" und „interest" zusammen. Andere Nutzer sehen, welche Mode, Möbel und Bücher du magst und welche Interessen du hast.

Was hat Pinterest, was die anderen nicht haben?
Dieses virtuelle Sammelalbum ist wirklich hübsch anzuschauen und macht viel Spaß.
Wer diese virtuelle Pinnwand benutzt, bewegt sich in einer rechtlichen Grauzone. Denn man darf im Internet nicht einfach Fotos von anderen verwenden.

Das Märchen von Mark!

Es war einmal ... ein Junge, der hieß Mark. Er studierte Psychologie und Computerwissenschaften an der Harvard-Universität in den USA. Im Jahr 2003 programmierte er eine Webseite mit dem Namen Facemash.com (sprich: [feißmäsch]; face heißt „Gesicht" und mash bedeutet „flirten"). Auf der Website sollten die Studenten die Bilder von Studentinnen vergleichen und bewerten. Der Rektor der Universität war davon nicht begeistert und sperrte die Seite. Mark ließ sich nicht entmutigen und startete eine andere Website – vom Zimmer seines Studentenwohnheims aus: Facebook. Bald darauf verließ er die Universität ohne Abschluss, um sich mit seinen Studienfreunden in Palo Alto in Kalifornien seiner neuen Website zu widmen. Innerhalb von wenigen Monaten hatte Facebook eine Million Mitglieder. Zehn Jahre später waren es bereits eine Milliarde. Und der Junge, der Mark Zuckerberg heißt, wurde mit 23 Jahren zum jüngsten Selfmade-Milliardär. Heute gehört Zuckerberg zu den reichsten Menschen der Welt.

Selfmade (sprich: [ßälfmäid]): Das ist Englisch und heißt so viel wie „aus eigener Kraft".

EIN ANZUG FÜR BARACK OBAMA

Mark Zuckerberg trägt normalerweise nur T-Shirt und Jeans. Als US-Präsident Barack Obama ihn vor ein paar Jahren in der Facebook-Zentrale in Menlo Park im Silicon Valley besuchte, zog sich Mark ausnahmsweise mal schick an. Das sah so seltsam aus, dass sogar der Präsident darüber witzelte: „Ich bin Barack Obama. Und ich bin der Kerl, der Mark Zuckerberg dazu brachte, einen Anzug zu tragen!"

WITZIG!

IM TAL DER TÜFTLER

Wer etwas werden will im Internetbusiness, der sollte am besten ins Silicon Valley ziehen. In diesem Tal südlich von San Francisco in Kalifornien (USA) wurden Apple, E-Bay und Twitter erfunden. Auch viele andere bekannte große Internet- und Computerfirmen haben dort ihren Sitz. Witzig ist, dass das Tal früher „Tal der Herzensfreuden" hieß und voller Apfelplantagen stand. Ob sich die Apple-Gründer den Apfel für ihr Logo dort ausgeborgt haben?

WOW!

Die Karriere eines Fotos

Gibt es an deiner Schule Lehrer, die besonders gut erklären können? Bestimmt. Aber haben sie schon versucht, dir etwas über Facebook beizubringen? Nein? Dann können sie bei dieser Lehrerin aus dem US-Bundesstaat Tennessee spicken: Judie Culp. Ihre Lektion: Sie wollte ihrer Klasse beweisen, dass das Hochladen von Fotos gewaltige Folgen haben kann. Also postete sie ein Bild auf ihrer Facebook-Seite:

Darauf ist sie selbst zu sehen, sie hält ein Schild in die Kamera, darauf steht: „Ich spreche mit den Schülern meiner fünften Klasse gerade über Internetsicherheit und wie schnell ein Foto von vielen Leuten gesehen werden kann. Wenn du das hier liest, dann „like" bitte das Foto. Danke." Innerhalb von 24 Stunden wurde es 7000-mal gelikt und mehr als 400-mal gepostet. Drei Wochen später hatten mehr als vier Millionen Menschen den Like-Button gedrückt.

Sehr viele Leute haben das Foto nicht nur gelikt, sondern auch verändert: Sie haben den Originaltext auf dem Blatt entfernt und ekelige Dinge dorthin geschrieben. Würdest du wollen, dass so etwas mit deinem Foto passiert?

Eine krasse Lektion, oder nicht? Den Schülern von Judie Culp ist jetzt wohl klar, dass ein Foto innerhalb von wenigen Tagen um die Welt gehen kann.

Wenn sich ein Foto (oder ein Video) im Internet so schnell verbreitet wie das von Judie Culp, dann sagen die Amerikaner **it goes viral.** Davon träumen übrigens viele Firmen: dass sich ihre Videoclips oder Werbebotschaften über soziale Netzwerke verbreiten. Denn so könnten sie viel Geld für Werbung sparen.

it goes viral (sprich: [it gous wairel]): heißt „wie ein Virus rumgehen".

5 Dinge, die du über Facebook wissen musst

1 **Wähle genau aus,** mit wem du dich auf Facebook befreunden willst. Möchtest du wirklich, dass die ganze Klasse, die Parallelklasse, die Klassenstufe über und unter dir deine Fotos in Badehose oder im Bikini am Strand sehen? Du solltest nur Freundschaftsanfragen von Leuten annehmen, die du persönlich kennst.

2 **Im wahren Leben** suchst du dir deine Gesprächspartner genau aus: Mit dem Nachbarn unterhältst du dich übers Wetter, in der Deutschstunde erzählst du von deinen Sommerferien und nur deinem besten Freund schüttest du dein Herz aus und berichtest von deinem neuen Schwarm. So solltest du es auch bei Facebook machen! Überlege gut, wem du was erzählst. Und das geht so: Klicke rechts auf das kleine Zahnrädchen und dann auf die Privatsphäreeinstellungen. Dort kannst du bestimmen, wer mit dir in Kontakt treten darf und wer deine Postings bekommen soll.

3 **Gehen dir die** Katzenvideos, die dein Schulfreund Mark ständig postet, auf den Geist? Nerven dich die 15 belanglosen Postings, die deine Cousine täglich auf Facebook stellt? Kein Problem, du kannst entscheiden, von welchen Freunden du Meldungen erhalten möchtest. So schneiderst du dir deinen persönlichen Newsfeed: Wenn du ein neues Posting von einer Nervensäge bekommst, dann klicke auf den Pfeil neben dem Namen. Jetzt kannst du zum Beispiel sagen: „Alles von Cousine Kim verbergen."

④

Damit Facebook nicht zur Zeitfressmaschine wird, lege bestimmte Zeiten fest, in denen du dich im Netzwerk aufhältst. Zum Beispiel dienstags nach der Klavierstunde für 15 Minuten und samstags eine halbe Stunde. So eine Informationsdiät tut gut.

⑤

Wenn du genug von Facebook hast, kannst du deinen Account auch zeitweise auf Eis legen: Gehe auf die Kontoeinstellungen, klicke links oben auf „Sicherheit", dann auf „Deaktiviere dein Konto" ganz unten. Achtung: Facebook drückt jetzt noch mal kräftig auf die Tränendrüse. Solche Meldungen bekommst du angezeigt: „234 Freunde können nicht mehr mit dir in Kontakt bleiben" und „Chiara wird dich vermissen". Egal, davon solltest du dich nicht beeinflussen lassen. So hast du dein Konto aber nur vorübergehend stillgelegt. Wer sich endgültig von Facebook verabschieden will, muss einen etwas komplizierteren Weg gehen. Lass dir dabei am besten von einem Erwachsenen helfen.

Newsfeed (sprich: [njusfied]): Nachrichtenzufuhr

Posting (sprich: [pousting]): Mitteilung in einem Forum oder in einem sozialen Netzwerk

Apps im Schnellcheck

„Ich bin 13 und keiner meiner Freunde ist auf Facebook, nur meine Oma!" Das schrieb Ruby Karb, ein Teenager aus New York, neulich auf einer Internetseite. Muss Mark Zuckerberg, der Chef von Facebook, jetzt Angst haben, dass ihm bald die Mitglieder weglaufen? Angst nicht, aber Muffensausen. Noch ist Zuckerbergs Netzwerk das größte der Welt. Doch viele jüngere Leute haben keine so rechte Lust mehr auf Facebook. Sie nutzen lieber Apps, denn damit können sie blitzschnell mit Freunden chatten und Bilder verschicken. Und das auch noch eltern-, onkel- und omafrei.

WhatsApp – Plappern im Netz

Was rockt?
WhatsApp ist die kostenlose Alternative zur SMS und deshalb kennt diesen Dienst schon fast jeder.

Was nervt?
Internetexperten warnen vor Sicherheitslücken. Sobald du dich anmeldest, wird dein ganzes Adressbuch automatisch an WhatsApp überspielt. Da WhatsApp zu Facebook gehört, gehen die Daten direkt an Mark Zuckerberg. Ein dicker Minuspunkt dieser ansonsten tollen App.

Was kostet WhatsApp?
Der Download ist kostenlos, ebenso das erste Jahr. Danach werden jährlich etwa 0,89 Euro fällig. Dann kannst du ein Jahr lang weltweit kostenlos SMS verschicken und chatten (Natürlich vorausgesetzt, du bist online und hast eine Flatrate).

Flatrate (sprich: [fläträit]) ist Englisch und heißt übersetzt „Pauschalgebühr". Wer also eine Internet-Flatrate hat, kann unbegrenzt im Internet surfen.

Snapchat – die Momentaufnahmen

Was rockt?
Mit dieser App kannst du Schnappschüsse an deine Freunde verschicken. Das Witzige daran: Die Fotos zerstören sich innerhalb weniger Sekunden einfach selbst! Vielleicht ist die App deshalb so beliebt: Weil die Fotos nur für den Moment gemacht sind, können sich die Empfänger auch nur wenige Sekunden darüber schlapplachen.

Was nervt?
Inzwischen ist bekannt, dass man mit ein paar technischen Tricks die Fotos doch wieder sichtbar machen kann. Deshalb gilt auch für die Snapchat-App: Überlege dir gut, welche Fotos du in die Welt schickst.

Was kostet Snapchat? Der Download der App kostet nichts, auch das Versenden von Fotos und Videos ist kostenlos.

Vine – Fass! Dich! Kurz!

Was rockt?
Mit dieser App kannst du zum Filmemacher oder besser zum Kurzfilmemacher werden: Finger aufs Display und losfilmen. Doch du musst dich kurz fassen, denn du hast maximal sechs Sekunden Zeit. Fazit: Es macht Spaß, diese Kurzvideos zu drehen und zu verschicken.

Was nervt?
Wie schafft man es, innerhalb von sechs Sekunden eine Geschichte zu erzählen? Mit etwas Übung klappt das.

Was kostet Vine?
Der Download der Software kostet nichts, auch das Verschicken der Videos ist kostenfrei.

Von Promis, Teenie-Stars und Blogs

Wer zwitschert denn da?

Früher, als deine Eltern so jung waren wie du heute, war Fansein ganz schön anstrengend. Um Neuigkeiten über ihre Idole zu erfahren, kauften sie sich Magazine, zum Beispiel die *Bravo*, oder sie gründeten einen Fanclub. Heute gibt es dafür Twitter. Denn Stars wie Mesut Özil, Justin Bieber, der Papst, Barack Obama und Heidi Klum „zwitschern" Neuigkeiten und Fotos von sich selbst über dieses soziale Netzwerk. Du kannst ihnen ganz leicht „folgen": Lege dir einen Account zu und werde Follower deines Lieblingsstars (das geht mit einem Klick). Die Promis twittern natürlich aus guten Grund: Twitter ist nämlich so eine Art kostenlose Werbung für sie. Denn wer eine große Fangemeinde hat, also viele Follower, kann seine Ware (CDs, Politik, Glauben, Fernsehshows) besser verkaufen. Die Fans freuen sich jedenfalls über jeden Tweet von ihrem Star. So haben sie das Gefühl, ihm ganz nahe zu sein. Fans sollten aber nie vergessen: Das Gezwitscher der Promis gilt nicht ihnen persönlich!

Justin Bieber

Wer hat weltweit die meisten Follower? Katy Perry und Justin Bieber liefern sich ein Kopf-an-Kopf-Rennen. Justin liegt knapp hinter Katy. Seine mehr als 50 Millionen „Beliebers" (so werden die Justin Bieber-Fans genannt) warten täglich auf Tweets von ihrem Idol.

Über 50 Millionen Follower

Barack Obama

Der Präsident der Vereinigten Staaten sendet täglich politische Botschaften: Informationen über „seine" Gesundheitsreform und über „faire Bezahlung von Frauen".

Über 2 Millionen Follower

Heidi Klum

Sie ist Model, Moderatorin und Unternehmerin und ein geschäftstüchtiger Twitter-Profi. Sie twittert

Über 40 Millionen Follower

vor allem – wen wundert's – über ihre „Germany's Next Topmodel"-Show. Außerdem verschickt sie Tweets von ihren eigenen Fotoshootings.

Gezwitscher aus dem Weltall

Twittern ist nur was für Erdlinge? Von wegen, der
Astronaut Chris Hadfield zwitschert von seinem
Arbeitsplatz, der Raumfahrtstation ISS. Er schickt
fast täglich fantastische Bilder aus dem All.

DAS TWITTER-LEXIKON FÜR EINSTEIGER

Account (sprich: [ekaunt]): ein Nutzerkonto im Internet

Follower (sprich: [follouer]): Wenn dein Lieblingsschauspieler einen Twitter-Account besitzt, kannst du ihm folgen. Du musst nur den „follow"-Button drücken, schon landen die Tweets in deinem Twitter-Account. Wenn du deinen Star irgendwann blöd findest, kannst du ihn einfach „entfolgen". Dann bekommst du keine Tweets mehr von ihm.

Hashtag (sprich: [häschtäg]): Hash heißt „Raute", tag bedeutet „Markierung"; Wörter, denen ein Rautezeichen vorangestellt ist, zum Beispiel #Fußball-WM2014. Wenn du in Twitter nach bestimmten Nachrichten suchst, kannst du dies über das #-Symbol plus Schlagwort tun. Wer selbst twittert, kennzeichnet wichtige Themen über so einen Hashtag.

Tweet (sprich: [twiet]): Eine Kurznachricht auf Twitter darf maximal 140 Zeichen lang sein.

Twitter (sprich: [twitter]): „Gezwitscher"; soziales Netzwerk, mit dem du kurze Nachrichten an deine Follower verschicken kannst und selbst Tweets von Leuten bekommst, denen du folgst.

WICHTIG!

MEIN NAME IST HASHTAG!

Manche Leute sind richtige Fans von sozialen Netzwerken! Eine Frau aus New York zum Beispiel gab ihrem Baby den Namen „Hashtag", ein Ehepaar aus Israel nannte seine Tochter „Like" wie den „Gefällt mir"-Button von Facebook.

WITZIG!

Generation YouTube: Wo guckst du?

YouTube Stars
Y-Titty

Frag mal einen Erwachsenen über 25, ob er schon mal was von Y-Titty (sprich: [waitittie]) gehört hat! Wetten, dass er diese YouTube-Stars nicht kennt. Y-Titty ist ein deutsches Comedytrio mit eigenem YouTube-Kanal. Ihre Videos wurden schon mehr als fünfhundertsiebzigmillionen Mal im Internet angeklickt, vor allem von Jugendlichen. Zum Vergleich: Die Sendung „Wer wird Millionär?" schalten durchschnittlich etwa fünf Millionen Leute ein. Für alle, die noch nie was von Y-Titty gehört haben: Das sind Phil, OG und TC, alle Anfang 20. Sie sagen: „Wir gucken kein Fernsehen mehr!" So wie viele ihrer Altersgenossen. Studien zeigen, dass der Fernseh-konsum von Jugendlichen sinkt. Dafür verbringen sie mehr Zeit im Internet. Zum Beispiel mit Videoclips von Y-Titty, Le Floid oder Daruum. Ist das Fernsehen bald tot? Tot nicht, aber ein bisschen angeschlagen.

VIDEOS FÜR MILLIARDEN

WOW!

Auf YouTube (sprich: [juutjub]; heißt übersetzt so viel wie „dein Kanal") kannst du kostenlos Videos anschauen, selbst hochladen und bewerten. Oder deinen eigenen Youtube-Kanal gründen, das ist quasi deine persönliche Website. Täglich werden auf YouTube über vier Milliarden Videos aufgerufen. Würde man das auf die Anzahl der Erdbewohner umrechnen, würde jeder zweite Mensch täglich ein YouTube-Video schauen.

Das Mädchen, das die Modewelt eroberte

Stell dir vor, du bist elf Jahre alt, schreibst einen Blog im Internet und wirst damit innerhalb von wenigen Monaten zum Star! Das ist die wahre Geschichte von Tavi Gevinson. Das Mädchen startete am 31. März 2008 in ihrem Kinderzimmer in der amerikanischen Stadt Oak Park in der Nähe von Chicago ihren Blog mit diesen Worten: „Also ich bin neu hier ... Seit Kurzem interessiere ich mich für Mode ... Ich plane, in Zukunft Bilder zu posten. Aber jetzt fange ich einfach an. Liebe Grüße, Tavi."

Sie nannte ihr Internettagebuch „The style rookie" (sprich: se stail ruukie; „die Modeanfängerin") und innerhalb von wenigen Monaten hatte sie täglich 50 000 Besucher. Die berühmte Zeitung New York Times rief bei ihr an und wollte ein Interview führen, Tavi wurde zur Fashion Week nach New York eingeladen, Covergirl der Zeitschrift *Pop* und der berühmte Modemacher Karl Lagerfeld unterhielt sich nach einer Modenschau mit ihr. Inzwischen ist sie Chefredakteurin ihrer eigenen Onlinezeitschrift „Rookie Magazine" (sprich: [ruuki mägesien]). Die Geschichte von Tavi zeigt, dass du nicht warten musst, bis du erwachsen bist, um Texte zu veröffentlichen. Dank Internet kannst du jederzeit anfangen. Zum Beispiel: JETZT!

Tavi Gevinson

Fashion Week (sprich: [fäschen wiek]):
fashion heißt „Mode";
week bedeutet „Woche"

Covergirl (sprich: [kawer görl]):
cover heißt „Titelseite";
girl bedeutet „Mädchen"

MEIN BLOCK, DEIN BLOG!?

WICHTIG!

Ein Blog ist eine Art Tagebuch, das im Internet veröffentlicht wird. Das Wort Blog ist eine Zusammensetzung der Wörter „Web" und „Logbuch". Wer einen Blog schreibt, beschäftigt sich meist mit einem bestimmten Thema. Es gibt zum Beispiel Lehrerblogs, Kochblogs, Reiseblogs. Auf Blogs stehen die neuesten Einträge immer ganz oben.

Sicher im Internet!

Vom Monstergedächtnis und von der Spionage

Man könnte fast neidisch werden auf das Internet, denn es vergisst nichts. Peinliche Fotos können auch Jahrzehnte nach dem Hochladen noch gefunden werden – zum Beispiel von einem zukünftigen Chef. Das Internet verfügt aber nicht nur über ein Monstergedächtnis, es schläft auch nie! Das bedeutet: Du bist nicht alleine, wenn du eine E-Mail schreibst, chattest oder für die Schule recherchierst. Seit einiger Zeit weiß man, dass Geheimdienste deine Wege im Internet genau beobachten und speichern. Sie spionieren hinter jeder E-Mail her und merken sich jede Chatverbindung.

Das kannst du tun, um sicher im Internet zu surfen:

- Da es sein kann, dass du von Spionen (Stichwort: NSA) beobachtet wirst, solltest du dich auch möglichst vorsichtig verhalten. Stelle keine Profilfotos von dir ins Netz, verrate weder deinen richtigen Namen noch deine Adresse, dein Geburtsdatum und deine Telefonnummer.

- Schütze deinen Rechner und dein Smartphone mit Virenschutz, Firewall und WLAN-Passwort. Du solltest außerdem regelmäßig die Software deines Computers aktualisieren, auch dein Betriebssystem.

NSA (sprich: [EnEsÄi]): Abkürzung für National Security Agency = „Nationale Sicherheitsagentur"; ein Geheimdienst der USA, der die Amerikaner davor schützen soll, von Terroristen angegriffen zu werden. Vor einiger Zeit kam heraus, dass die NSA E-Mails, Chats und andere Internetverbindungen von Millionen von Menschen in der ganzen Welt ausspioniert und die Daten speichert.

HELD ODER VERRÄTER?

Der amerikanische Computerexperte Edward Snowden ist der „Staatsfeind Nummer 1" der USA. Snowden beschuldigte nämlich öffentlich den amerikanischen Geheimdienst NSA der weltweiten Datenspionage! Keine E-Mail, kein Chat ist vor den Mitarbeitern dieser Behörde sicher, sagt Snowden, der selbst für den Geheimdienst gearbeitet hat. Viele Menschen sind jetzt sauer auf die USA! Für sie ist Snowden ein Held. Die US-Regierung dagegen sagt, dass Snowden ein Verräter sei, schließlich war er beim Geheimdienst angestellt und hat Geheimnisse seines Arbeitgebers verraten.

WOW!

Sicher im Internet!

- Immer häufiger knacken Hacker Passwörter: Vermeide einfache Passwörter wie Namen, Geburtsort und Datum oder den Namen deines Haustieres. Erfinde am besten für jedes Passwort eine lange Zeichenfolge mit Buchstaben, Zahlen und Sonderzeichen, zum Beispiel dieses: Ibs2014nsPde@Ze. Weil du dir diese Kombination nicht besonders gut merken kannst, bilde eine Eselsbrücke: „Ich benutze seit 2014 nur sichere Passwörter, die ein @-Zeichen enthalten." Solche Kombinationen können Hacker nur schwer knacken.

- Speichere deine Passwörter NIE auf deinem Rechner. Besser: Schreibe die Passwörter auf einen Zettel und lege diesen in einen Safe oder dein Geheimfach. Noch besser: Merke sie dir.

- Verschlüsselte E-Mails? Das geht. Es ist ja schon lange bekannt, dass eine E-Mail so öffentlich ist wie eine Postkarte – also für jeden lesbar, nicht nur für den Geheimdienst. Deshalb gibt es jetzt Programme, die elektronische Post verschlüsseln. Allerdings können Hacker auch einige Verschlüsselungsprogramme ==dechiffrieren.== Wer jedoch zum Beispiel das PGP-Verfahren (Pretty Good Privacy = ziemlich sichere Privatsphäre) nutzt, kommuniziert laut Internetexperten sicher.

- Werde zum Krümelmonster! Lösche regelmäßig die Cookies (sprich: [kukies], Datenkekse) auf deinem Webbrowser, also zum Beispiel Safari oder Firefox. Mithilfe dieser Kekse können Websitesbetreiber nämlich genau verfolgen, was du im Netz so machst. Das Löschen der Cookies ist allerdings etwas kompliziert, lass dir am besten von einem Erwachsenen helfen.

- Hüte deine Daten wie einen Schatz und schreibe sie nicht unbedacht ins Internet! Mach also nicht bei jedem Preisausschreiben und jeder Online-Befragung mit.

dechiffrieren: entschlüsseln

In sozialen Netzwerken und in E-Mails wird unendlich viel gelästert, beleidigt, erniedrigt. Im Internet, so sagen Experten, ist die Hemmschwelle niedriger, andere zu mobben. Denn der Täter muss dem Opfer nicht in die Augen schauen und handelt völlig anonym. Wissenschaftler glauben, dass fast jeder fünfte Schüler Opfer von Cyber-Mobbing wird.

Was tun, wenn du im Internet gemobbt wirst?

- Sprich mit jemandem über deinen Kummer, mit deinen Eltern, einer guten Freundin oder einem Lehrer. Das erfordert Mut, denn es ist nicht einfach zuzugeben, dass man ausgegrenzt und beleidigt wird.
- Mach Screenshots von den fiesen Attacken im Netz. Damit sicherst du „Beweise". Außerdem bist du wieder in einer aktiven Rolle.
- Geh zusammen mit deinen Eltern zu deinem Lehrer oder der Schulleiterin. Bringe die Screenshots mit.
- Je nachdem, wie schlimm die Cyber-Attacken waren, kannst du auch zur Polizei gehen und Anzeige erstatten.

Screenshots (sprich: [skrienschotts]): Bildschirmfotos

Cyber-Mobbing (sprich: [ßaiber-mobbing]): Wenn jemand über längere Zeit im Internet, in sozialen Netzwerken oder per Handy oder E-Mail beleidigt, bedroht, bloßgestellt und belästigt wird.

Typische Cybermobbing-Attacken:

- Es werden peinliche Fotos des Mobbingopfers hochgeladen.
- In sozialen Netzwerken wird eine Hassgruppe gegen das Mobbingopfer gegründet.
- Mithilfe einer falschen Identität wird dem Mobbingopfer vorgespielt, dass man in sie oder ihn verliebt ist.
- Gerüchte über das Mobbingopfer werden und in sozialen Netzwerken verbreitet.

Hol dir Hilfe ... wenn du gemobbt wirst

Wenn du nicht mit deinen Eltern oder Lehrern über dieses Thema sprechen kannst oder willst, wende dich an eine Beratungsstelle in deiner Stadt oder im Internet. Es ist sehr wichtig, dass du mit deinem Kummer nicht alleine bleibst.

Onlineberatung
Die BKE-Onlineberatung hilft bei Mobbing-Problemen, aber auch bei vielen anderen Sorgen. Du kannst eine Einzelberatung per Mail erhalten oder dich im Chat beraten lassen – kostenlos und anonym. Du musst dich allerdings zuerst registrieren.

https://jugend.bke-beratung.de/views/home/index.html

Telefonhotline
Die Nummer gegen Kummer hilft Kindern und Jugendlichen seit mehr als 30 Jahren. Wenn du Probleme hast, kannst du kostenlos und anonym anrufen unter 0800 / 111 0 333.

www.nummergegenkummer.de

Hier helfen Jugendliche
Bei www.juuport.de helfen sich Jugendliche gegenseitig, wenn es Probleme mit Mobbing oder anderen Webthemen gibt. Für Jugendliche, die Hilfe brauchen, sind die Juuport-Scouts da. Sie sind zwischen 15 und 21 Jahre alt und arbeiten ehrenamtlich auf juuport. Wenn sie einmal nicht weiterwissen, stehen ihnen professionelle Therapeuten zur Seite.
www.juuport.de

Schülerinitiative
Auf dieser Website findest du Hilfe beim Thema Mobbing und Cyber-Mobbing. Sie wurde von einem ehemaligen Mobbingopfer gegründet.

www.schueler-gegen-mobbing.de

Scouts (sprich: [skauts]): die Übersetzung lautet: Späher oder Pfadfinder; gemeint ist hier ein Berater

... wenn du internetsüchtig bist

Kannst du nicht mehr ohne dein Tablet oder dein Smartphone sein, lässt du Verabredungen sausen, weil du dafür lieber auf Facebook rumhängst oder rumdaddelst? Dann solltest du dir Unterstützung suchen. Du kannst dich an eine unabhängige Beratungsstelle wenden – an deinem Wohnort oder im Internet.

Telefonberatung
Schilderst du dein Problem am liebsten am Telefon, hilft dir die Nummer gegen Kummer weiter. Rufe die 0800 / 111 0 333 an.
www.nummergegenkummer.de

Teste dich!
Auf dieser Seite kannst du testen, ob du nur ein bisschen oder ein bisschen schlimm internetsüchtig bist. Hier findest du außerdem Tipps, wie du mit viel Spaß und Lust auch mal wieder für eine Weile offline bist.
www.ins-netz-gehen.de

Hilfe in deiner Stadt
Wenn du am liebsten mit jemandem persönlich sprichst, gehe zu einer Beratungsstelle an deinem Wohnort. So findest du sie: Gib in einer Suchmaschine im Internet die drei Wörter *Beratungsstelle, *deinen Wohnort und *Kinder oder Jugendliche ein.

Account [sprich: [ekaunt]]: ein Nutzerkonto im Internet.

Blog: Tagebuch im Internet.

chatten [sprich: [tschätten]]: Das ist das englische Wort für plaudern. Wenn du dich im Internet mit Freunden in sozialen Netzwerken triffst, kannst du dich dort mit ihnen unterhalten.

Collaborative Consumption [sprich: [kolläbretif konsamp-tschen]]: gemeinschaftlicher Konsum von Gütern oder Wissen.

Cyber [sprich: [ßaiber]]: Das Wort kommt ursprünglich aus dem Griechischen und bedeutet Steuerung. Lange wurde es in der Seefahrersprache verwendet und meinte „die Kunst, ein Schiff zu steuern". Inzwischen wird es vor allem im Zusammenhang mit Computern benutzt, zum Beispiel „Cyber-Mobbing".

Cyber-Mobbing [sprich: [ßaiber-mobbing]]: Wenn jemand über längere Zeit im Internet, in sozialen Netzwerken oder per Handy oder E-Mail beleidigt, bedroht, bloßgestellt und belästigt wird.

Domain [sprich: [domäin]]: Die Domain ist die Adresse einer Website. Sie setzt sich aus drei Teilen zusammen: 1. www (steht für WorldWideWeb), 2. dem Namen der Website (zum Beispiel fcbayern) und 3. der Domain-Endung (etwa .de, .com, .nl).

Fake [sprich: [fäik]]: Fälschung.

Flatrate [sprich: [fläträit]] ist Englisch und heißt übersetzt „Pauschalgebühr". Wer eine Internet-Flatrate hat, kann unbegrenzt im Internet surfen.

Follower [sprich: [follouer]]: Wenn dein Lieblingsschauspieler einen Twitter-Account besitzt, kannst du ihm folgen. Du musst nur den „follow"-Button drücken, schon landen die Tweets in deinem Twitter-Account. Wenn du deinen Star irgendwann blöd findest, kannst du ihn einfach „entfolgen". Dann bekommst du keine Tweets mehr von ihm.

Hacken [sprich: [häcken]]: dieses englische Wort bedeutet ursprünglich „auf etwas einschlagen". Im Zusammenhang mit dem Internet heißt es „in etwas eindringen". Hacker schaffen es, auf fremden Computern und Servern herumzuschnüffeln, Daten zu klauen oder zu zerstören.

Hashtag [sprich: [häschtäg]]: Hash heißt „Raute", tag bedeutet „Markierung"; Wörter, denen ein Rautezeichen vorangestellt ist, zum Beispiel #Fußball-WM2014. Wenn du in Twitter nach bestimmten Nachrichten suchst, kannst du dies über das #-Symbol plus Schlagwort tun. Wer selbst twittert, kennzeichnet wichtige Themen über so einen Hashtag.

it goes viral [sprich: [it gous wairel]]: heißt „sich wie ein Virus verbreiten".

Mousepad [sprich: [maus-pät]]: Englisch für „Unterlage/Kissen" für die Computermaus.

Newsfeed [sprich: [njusfied]]: Nachrichtenzufuhr.

Posting [sprich: [pousting]]: Mitteilung in einem Forum oder in einem sozialen Netzwek.

Screenshots [sprich: [skrienschotts]]: Bildschirmfotos.

Selfmade [sprich: [ßälfmäid]]: aus eigener Kraft.

Software [sprich: [ßoftwär]]: Computerprogramm.

Surfing the Internet [sprich: [ßörfing si internät]]: bedeutet „das Internet durchstöbern".

Trusted Shops [sprich: [trastet schops]]: Vertrauenswürdige Läden im Internet.

Tweet [sprich: [twiet]]: Eine Kurznachricht auf Twitter darf maximal 140 Zeichen lang sein.

Twitter [sprich: [twitter]]: „Gezwitscher"; Soziales Netzwerk, mit dem du kurze Nachrichten an deine Follower verschicken kannst und selbst Tweets von Leuten bekommst, denen du folgst.

virtuell: nicht physisch vorhanden, sondern beispielsweise als Figur in einem Computerspiel.

Zuse: Konrad Zuse (1910–1995) gilt als einer der Erfinder des Computers.

Bildnachweis

Illustrationen von Iris Blanck:
2–4, 7, 12, 13, 15, 22, 24, 28, 31, 34, 36–39, 42, 49, 52, 54

Grafiken von Sabine Reddig:
6, 9, 17, 21, 35, 37, 45, 47, 49, 51

© Fotolia.com:
S. 1 o. Groenning; S. 1 u. biaze; S. 4. u. chomnancoffee; S. 5 o. Nesta; S. 5 Mi. sa3studio; S. 6 o. alphaspirit; 6 u. Robert Neumann; S. 8 o.l. tpx; S. 8 o.r. tpx; S. 9 o. red200; S. 9 u. JiSign; S. 10, 11, 21, 44, 57-61 Style-o-Mat; S. 10 u. Syda Productions; S. 14 Picture-Factory; S. 16 ctrlaplus; S. 16 u. TAlex; S. 17 miya227; S. 18 kotoyamagami; S. 19 davidevison; S. 20 Mi. Myimagine; S. 20 u. guukaa; S. 21 aetb; S. 23 l. Maxisport; S. 23 Mi.l. Georgios Kollidas; S. 23 Mi.r. psdesign1; S. 23 r. grafikplusfoto; S. 24 o. Apart Foto; S. 25 kids.4pictures; S. 26 kids.4pictures; S. 29-32 Do Ra; S. 30 u. grafikplusfoto; S. 32 u.l. apfel-weile; S. 32 u.r. gashgeron; S. 33 Mi.l. Val Thoermer; S. 33 Mi.r. yanlev; S. 33 u.l. Patryssia; S. 33 u.r. yanlev; S. 34 o. pico; S. 35 o. Anterovium; S. 35 u. Serghei Velusceac; S. 38–39 an_m; S. 40 u. Joana Kruse; S. 41 o. tpx; S. 41 o. adam121; S. 44 o. Lasse Kristensen; S. 44 u. Anton Balazh; S. 47 Wrangler; S. 50 goldencow_images; S. 53 DDRockstar; S. 55 Markus Bormann; S. 56 Monkey Business; S. 57 grafikplusfoto

© Shutterstock.com:
S. 34 o. Kobby Dagan; S. 43 o. JStone; S. 43 Mi. Joe Seer; S. 43 u. spirit of america

picture-alliance/dpa: S. 46, 48

Abkürzungen:
oben = o; u = unten; l = links; r = rechts; Mi = Mitte

Impressum

Erschienen bei FISCHER Meyers Kinderbuch
© S. Fischer Verlag GmbH, Frankfurt am Main 2014
„Meyers" ist eine eingetragene Marke des Verlags
Bibliographisches Institut GmbH, Berlin.

Umschlaggestaltung: Sabine Reddig
Umschlagabbildungen: © Fotolia.com: jaylopez; Ricktop;
Max Topchii; Jan Jansen; Groenning; vector_master;
Arcady; biaze
Layout und Satz: Sabine Reddig / Medien Team-Vreden

Wissenschaftliche Beratung: Dipl. Inf. Jochen Meißner

Druck und Bindung: Print Consult GmbH, München
Printed in Slovakia
ISBN 978-3-7373-7001-1

In 5 Kapiteln zum grünen Helden!

Über 100 kreative und leicht umzusetzende Ideen, wie man grüner, fairer und nachhaltiger leben kann, in unterhaltsamen und informativ geschriebenen Texten.
Do-it-yourself-Klamotten, Tipps zum einfachen Energiesparen, Rezepte für leckere Gemüsesnacks, legale Guerilla-Gardening-Ideen, natürliche Beauty-Anleitungen und unzählige weitere Einfälle für eine glücklichere Welt – alles in einem Buch!

Mit zahlreichen Farbfotos, Infokästen und spannenden Tipps!

Chantal-Fleur Sandjon
Happy Earth – 100 Ideen, wie du die Welt verbessern kannst
ISBN 978-3-7373-5089-1
136 Seiten, gebunden

www.blubberfisch.de
Alle Bücher von FISCHER: www.fischerverlage.de